प्यार करता हुआ कोई एक

[प्रेम कविताएँ]

मनोज कुमार पांडेय

प्यार करता हुआ कोई एक

राजकमल प्रकाशन

ISBN : 978-93-95737-06-7

मूल्य : ₹395

पहला संस्करण : 2022

प्रकाशक : राजकमल प्रकाशन प्रा.लि.
1-बी, नेताजी सुभाष मार्ग, दरियागंज
नई दिल्ली-110 002
शाखाएँ : अशोक राजपथ, साइंस कॉलेज के सामने, पटना-800 006
पहली मंजिल, दरबारी बिल्डिंग, महात्मा गांधी मार्ग, प्रयागराज-211 001
36 ए, शेक्सपियर सरणी, कोलकाता-700 017

वेबसाइट : www.rajkamalprakashan.com
ई-मेल : info@rajkamalprakashan.com

मुद्रक : बी.के. ऑफसेट
नवीन शाहदरा, दिल्ली-110 032

PYAR KARTA HUA KOI EK
Love Poems by Manoj Kumar Pandey

द्रव्य नहीं कुछ मेरे पास
फिर भी मैं करता हूँ प्यार
रूप नहीं कुछ मेरे पास
फिर भी मैं करता हूँ प्यार
सांसारिक व्यवहार न ज्ञान
फिर भी मैं करता हूँ प्यार
शक्ति न यौवन पर अभिमान
फिर भी मैं करता हूँ प्यार
कुशल कलाविद् हूँ न प्रवीण
फिर भी मैं करता हूँ प्यार
केवल भावुक दीन मलीन
फिर भी मैं करता हूँ प्यार।

प्रिय कवि शमशेर बहादुर सिंह की
इन पंक्तियों के साथ इलाहाबाद, लखनऊ, वर्धा और मुम्बई के लिए
जिन्होंने अपने भीतर डूबकर रहने की जगह दी...

इस संग्रह में शामिल कविताएँ *वागर्थ, कथादेश, बनास जन, नया ज्ञानोदय, उम्मीद, कादम्बिनी, समय के साखी, दैनिक भास्कर, भूमिजा, स्वाधीनता, लमही, पूर्वग्रह, दुनिया इन दिनों, सासिक मीडिया* और *जानकीपुल* आदि पत्र-पत्रिकाओं तथा ई-पत्रिकाओं में प्रकाशित हुईं। इनके सम्पादकों के प्रति प्रेम और आभार।

क्रम

प्यार करता हुआ कोई एक

भीतर ही भीतर जलती रहती है आग
जिसे भीतर का ही पानी धधकाता रहता है पल पल
हवाएँ चलती हैं तूफान से भी तेज
जिन्हें भीतर का ही पहाड़ रोकता है

कहीं बह रही होती हैं गर्म धाराएँ
उसी पल एक हिस्सा बदल रहा होता है बर्फ में
कहीं तैर रही होती है रोशनी
कहीं घिर रहा होता है अँधेरा घुप्प

भीतर बसते हैं अच्छे बुरे लोग
उनके भीतर बसती हैं अलग अलग दुनिया
प्यार करता हुआ कोई एक पूरी पृथ्वी होता है
घूमती हुई पृथ्वी के ऊपर सब कुछ चल रहा होता है जस का तस

ये मेरा कौन सा रूप था छुपा हुआ

प्यार में हूँ तो बहुतों का प्यार याद आता है
रोता हूँ
तो बहुतों के आँसू याद आते हैं
प्यार में होना एक और दुनिया में होना है

चलता हूँ तो बहुतों के साथ चलता हूँ
अपने अकेलेपन को खोता हुआ
तड़पता हूँ तो बहुतों की तड़प याद आती है
मेरी उनकी तड़पों के बीच ये रिश्ता कब बना

ये मेरा कौन सा रूप था छुपा हुआ
मेरे भीतर जो दिखा दिया तूने

बगल में रूप धरे बैठा होता वियोग

बगल में बैठा होता रूप धरे वियोग
बना ठना तेरा ही रूप बनाए
मैं पड़ जाता हूँ बार-बार गफलत में
जानता हूँ कि ये मेरी जान है बगल में बैठी हुई

दो बातें करता हूँ और छूता हूँ
देखता हूँ टकटकी लगाए चूमने को बढ़ता हूँ
सब कुछ साफ साफ दिखने लगता है उसी पल
नहीं है ये मेरी जान
उसका रूप धरे बैठा है वियोग

उसे धरने को तेरा ही रूप मिला था मेरी जान

मैं कैसे बुलाऊँ तुम्हें

फूल खिलता है तो अपने रंग से आवाज देता है
चाँद बुलाता है अपनी शीतल रोशनी से
आसमान अपने असीम विस्तार से
बारिश बुलाती है अपनी जादुई छुअन से

मैं कैसे बुलाऊँ तुम्हें
मेरी फूल मेरी चाँद मेरी बारिश मेरी आसमान
मेरी सारी भाषाएँ बहुत पहले के वक्त पर कहीं छूट गई हैं
जब अपना सब कुछ रख दिया था तुम्हारे कदमों पर
दो कदम तुम्हारे साथ चलना ही तो चाह रहा था मैं

अपनी सारी भाषाएँ और चमक खोकर
कैसे पुकारूँ मैं तुम्हें ओ बेईमान
तुम्हारे सारे वादे झूठ तुम्हारा हर कहा फरेब

या तो अपनी छुअन दो मेरे होंठों पर
नहीं तो मेरी भाषा वापस करो मुझको

तुझे याद करता हूँ नदी की तरह

तुझे याद करता हूँ नदी की तरह
पीता हूँ तेरा पानी और तुझमें डूब जाता हूँ

तुझे याद करता हूँ हवा की तरह
साँस लेता हूँ और जीता हूँ

तुझे याद करता हूँ रोशनी की तरह
देखता हूँ दुनिया कहीं घूम आता हूँ

तुझे याद करता हूँ अँधेरे की तरह
गुम होता हूँ तेरे खयाल में और सो जाता हूँ

तुझे याद करता हूँ पहाड़ की तरह
सारी ऊँचाइयाँ तेरी दी हुई हैं

तुझे याद करता हूँ सागर की तरह
न देखी गहराई ऐसी कहीं न विस्तार

तुझे याद करता हूँ पेड़ की तरह
तू है तो हरियाली है हवा है साँस है

तुझे याद करता हूँ पृथ्वी की तरह
अछोर है तू मेरे पैर बहुत छोटे

तुझे याद करता हूँ जिन्दगी की तरह
तू है तभी मैं हूँ मैं हूँ तभी तू है

सुन मेरे दुश्मन

तुम्हारे साथ के लिए मैं हमेशा
अपने रकीब की गुलामी में रहता हूँ
मैं तुमसे कुछ कहूँ और तुम दुश्मन की तरफ देखो
इससे अच्छा तो यही है
कि किसी दिन सीधे ही उससे पूछ डालूँ
सुन मेरे दुश्मन
तेरी जान के साथ दो पल बिता सकता हूँ क्या

शाप

सुबह से बारिश हो रही है
मैं प्यास से मर रहा हूँ
मेरी जान ने मुझको
बारिश में तड़पने का शाप दे डाला है

कमाल है

मेरी बातें उसे समझ में नहीं आतीं
जवाब में बोलती है
कमाल है

मैं चीखता हूँ
कमाल नहीं है
मैं हूँ तुम्हारा पगलू
मैं तुम्हारे सिवा किसी कमाल को नहीं जानता

वह मेरी न कही गई बातें सुनती है
और दुबारा कहती है
कमाल है

मैं हमेशा उन्हीं दो पलों में जीता हूँ

आखिरकार मेरी मोहब्बत
दो पल ऐसे ले ही आती है
जब उसे मेरी बातें समझ में आती हैं
तब हम खूब बातें करते हैं
आजादी गुलामी प्रेम नैतिकता
कैरियर और जिन्दगी के बारे में
फिर बीच में जाने क्या अघट घटता है
वो सब कुछ भूल जाती है
उन दो पलों के बाद वह मुझे
पहचान भी नहीं पाती

मैं हमेशा उन्हीं दो पलों में जीता हूँ
दो पल की जिन्दगी है मेरी

एक नया फूल ढूँढ़ता हूँ रोज

एक नया फूल ढूँढ़ता हूँ रोज
कि देख सकूँ हर दिन
एक नए फूल की तरह खिला तुम्हारा चेहरा
एक नई बात खोजता हूँ रोज
कि वह तुम्हें नई लगे
साथ में मेरा भी जादू रहे बरकरार

तुम्हारी रुचियों के बारे में तुमसे ज्यादा सोचता हूँ
क्या पढ़ रही हो तुम इन दिनों
चाहता हूँ तुमसे पहले उसे पढ़ डालूँ
यही बहाना सही
पर तुमसे बातें कर पाऊँ खूब खूब

तुम्हारी पसन्द के रंग के पहनता हूँ कपड़े
कि देखो तुम मुझे उन रंगों के बहाने ही

मोबाइल में है तुम्हारी पसन्द की रिंगटोन
तुम्हारी पसन्द के गीत गुनगुनाता हूँ

क्या करूँ तब भी नहीं बचा पा रहा अपना प्यार

मुझे याद नहीं कि तुमसे पहले
कौन से गीत गुनगुनाता था मैं
मेरा पसन्दीदा रंग कौन सा है
कौन सी किताबें हैं जो अपने लिए चुनी थी मैंने
कि कौन सा है मेरा पसन्दीदा फूल
जिसकी जगह किसी जरबेरा ने ली आकर

हर पल गुम हो रहा हूँ तुममें
और तुम्हें खोता जा रहा हूँ

एक दिन खो जाऊँगा तुममें कहीं

तुम्हारी आँखें महासागर हैं
मैं पीड़ा का एक घनीभूत बिन्दु भर हूँ
जिसका अक्स
कभी कभार तुम्हारी आँखों में पड़ता है

जो न भी पड़े तब भी कोई बात नहीं
तब भी तुम्हारी आँखें महासागर
मैं पीड़ा का एक घनीभूत बिन्दु भर

और और घनीभूत होता हुआ
एक दिन खो जाऊँगा तुममें कहीं

तुम्हारी तसवीर का चुम्बन

मैं तुम्हारी तसवीर को बहुत देर तक देखता रहा
फिर उठा और पास जाकर खड़ा हो गया

मुझे जरा सा उचकना पड़ा
आँखों के सामने आँख माथे के सामने माथ
दाँतों के सामने दाँत होंठों के सामने होंठ

अचानक पागलों की तरह चूमा तुम्हें देर तक
होंठों पर जमे रहे होंठ
जीभ तुम्हारे दाँतों के बीच कहीं फँस गई

जब अलग हुए हम
मैंने तुम्हारे काँपते होंठों पर उँगलियाँ फिराईं
और कुर्सी पर आकर बैठ गया

मेरी नजर दुबारा तुम्हारे चेहरे पर जम गई है
तुम मुझसे परे कहीं दूर देख रही हो
तुम्हारे होंठ अभी गीले हैं और काँप रहे हैं

तुम्हारी खाली कुर्सी

तुम्हारी कुर्सी सुबह से ही खाली है और जैसा कि पता है अगले कई दिनों तक खाली ही रहनी है फिर मैं तुम्हारी कुर्सी की तरफ क्यों देखूँ? मेरी हसरतों की परी फिर भी मैं देख रहा हूँ बार-बार कुर्सी की तरफ। ये कुर्सी जो तुम्हें अपने आगोश में लिये बैठी रहती है घमंड से चूर और जिसके लिए तड़पता हूँ मैं हजार जन्मों से। यह तुम्हारी पीठ सहलाती है बदले में तुम्हारे बाल बार-बार चूमते हैं कुर्सी के होंठ तुम्हारे हाथ बार-बार फिरते हैं कुर्सी के हाथों पर। मैं पगलाया रहता हूँ जलन और कामना के मिले-जुले आवेग में। कभी एक पैर के नीचे होता है तुम्हारा दूसरा पैर जिसके नीचे मैं अपना तीसरा पैर सरका दिया करता हूँ और भर जाता हूँ एक अनोखी सिहरन से। कभी-कभी तुम सामने वाली कुर्सी खींच लेती हो और वह अपनी किस्मत पर न्योछावर होती हुई तुम्हारे कदम चूमती है। मैं जलता हुआ रह जाता हूँ तुम्हारी बगल में बैठा हुआ। इस बगल वाली कुर्सी की किस्मत से जलता हूँ मैं। तुम्हारी अनुपस्थिति में मिन्नतें करता हूँ कि अपनी जगह आ जाने दे मुझे कि

तुझ तक पहुँचा दे ये मेरी बात। चूमता हूँ इसे कि यह तुम्हें चूमती है इसके हाथों पर रखता हूँ मैं अपने हाथ कि वहाँ तुम्हारे हाथ होते हैं।

कितने गजब की बात है कि आज मैं तुम्हारी कुर्सी पर बैठ सकता हूँ और वह मेरा कुछ नहीं कर सकती। वहीं हो मेरी पीठ और कमर जहाँ तुम्हारे होते हैं उन्हीं हाथों पर रखूँ मैं अपना हाथ जो तेरा हाथ सहलाते हैं। मैंने सोचा कि बैठूँ कुर्सी पर। कुर्सी सरकाई पर बैठ नहीं पाया और रोने लगा। ये खाली कुर्सी बता रही है मुझे मेरे भीतर के खालीपन के बारे में। इस कुर्सी से जुड़ी हैं तुम्हारी न जाने कितनी यादें। इस खाली कुर्सी ने किया है मुझे प्यार जब भी मैं तुम्हारे लिए रोया हूँ बार-बार। ये कुर्सी पर की खाली जगह नहीं है यह तुम्हारा दिल है जहाँ कोई और आकर बैठ गया है और मैं बचा हूँ पल-दो पल का मुलाकाती। कुर्सी के सामने मेज पर रखा है एक बोतल पानी। मैं लिख रहा हूँ मेज हिल रही है इसलिए बोतल का पानी हिल रहा है कि जैसे बुला रहा हो कि

आओ और पियो मुझे। मैं तुम्हारी खाली कुर्सी की तरफ देखता हूँ और कहता हूँ आओ और चूमो मुझे। पता नहीं ये वाक्य तुम्हारे लिए है या अपने लिए। तुम्हारी कुर्सी पर तुम जितनी जगह घेरती हो आज हवा उतनी जगह लेकर बैठी हुई है। हवा में आ रही है तुम्हारी महक, उसी हवा में ले रहा हूँ साँस। तुम्हारी गमक से भरी हुई हवा भर रही है मेरे भीतर और यह सही वक्त है कि मैं तुम्हें अपनी उस पागल कामना के बारे में बताऊँ कि मैं तुम्हारे इतना पास होना चाहता हूँ कि तुम अपनी एक साँस में मुझे पूरा का पूरा पी जाओ और तुम्हें यह करते हुए मैं कहीं दूर बैठकर देखूँ।

उसे मेरी बातें सिर्फ कविता में समझ आती हैं

सीधे सीधे नहीं कह पाता कोई बात
उसे मेरी बातें सिर्फ कविता में समझ आती हैं
और तब वो मेरी काव्य रसिक
एक एक शब्द सुनती है ध्यान से
लेती है कहीं भीतर

कई बार एक अलौकिक भाव तैरता है उसके चेहरे पर
जब वह वाह कहती है
वो मेरी कविताओं की दीवानी
हमेशा मेरी नई कविताओं के बारे में पूछती है

आज फिर मरता रहा हूँ सुबह से
खून निचोड़ा है

अपने सपने रँगने के लिए
शाम को वह मेरी कविताएँ सुनने आ रही है

एक शाम

नसों में चीख दौड़ती है
तेरा नाम लेता हूँ तो खून में दौड़ते हैं काँच के टुकड़े
भीतर नागफनी का एक पूरा जंगल है
जो परिक्रमा करता है मेरे हृदय का
जहर की एक नदी है जो मारती नहीं जिन्दा रखती है
मुझे दिन ब दिन और और विषैला बनाती हुई
ऐसे ही अमर होना है मुझे

पहाड़ के भीतर नदियाँ दौड़ती हैं तो कैसे दौड़ती हैं
अपने भीतर और भी पहाड़ छुपाए
साँस में एक धुन्ध भरी है जो ओझल करती है
ये खेल बन्द हो तो चीजें नजर आएँ

एक परदा है जो आँखों पर है जबान पर भी
एक शाम है जिसमें छुपी हैं कितनी शामें

ऐसे ही दुनिया से बाहर हुआ जाता हूँ

दिन भर के नशीले अवसाद के बाद
मुँह में तैरता है चिपचिपा रसायन
बोलता हूँ तो किसी को कुछ समझ में नहीं आता
ऐसे ही दुनिया से बाहर हुआ जाता हूँ
मेरी जबान लोग समझना बन्द करते जाते हैं
मैं भी कब से कहाँ सुन रहा हूँ उन्हें

एक तेरी आवाज गूँजती है कानों में
मुझे कोई और आवाज सुनाई नहीं देती
या इस तरह सुनाई देती है कभी कभी मसलन
भौंरों का रोना
कुत्तों की लड़ाई
चट्टानों के टूटने की आवाज
यह सब भी जैसे कई आकाशगंगाओं के पार से

इसी शरीर के सिवा रहने को कोई जगह नहीं
इसमें भी बसी है तू कुछ इस तरह
यहाँ से भी बेघर हुआ जाता हूँ
ऐसे ही बदलती हैं दुनिया की छवियाँ
मैं उस दम अपने भीतर होता ही नहीं
लोगों के मेरे बारे में विचार बदल जाते हैं

मैं भी उन्हें पहचान नहीं पाता
चेहरा वही वही रहता है तब भी
आँखें किसी और की झाँकती हैं
न जाने किसकी
पता नहीं खुद होता हूँ अकेला या उन्हें छोड़ता हूँ

बारिश में भीगते हुए रोना

कुछ चीजें कभी नहीं बदलतीं
जैसे झमाझम बारिश और तुम्हारी याद
एक चाभी है जिसने भिगोया मुझे

लोगों को सड़क पर
किसी को रोते हुए देखना पसन्द नहीं है
अच्छा हुआ बारिश है
अच्छा हुआ तुम हो

तुम्हारी याद में गुम
बारिश में भीगते हुए रोता हूँ
बारिश के साथ ताल मिलाती है रुलाई
मैं समझ नहीं पाता कि तुम्हारे लिए रोता हूँ
या बारिश की उस छुवन के लिए

बारिश में भीगते हुए रोना
ईश्वर की तरह अकेले होना है

साथ चहिए तो कीमत तो चुकानी होगी

साथ चहिए तो कीमत तो चुकानी होगी
ये जो तुम मुझसे बार बार कहती हो
कभी समझा भी दो कि मानी क्या है

क्यों मुझको हरदम तन्हा ही चलना होगा
जिन्दगी ऐसी कि पल पल जलना होगा
इस जलन को सीने में दबाकर रखूँ
खुद हँसूँ तुझको भी हँसाकर रखूँ
कोई शिकायत न करूँ कोई उम्मीद न करूँ
कुछ कह दूँ तो हालात को मैं न समझूँ
हालात अच्छे भी बुरे भी हैं उसी पल में
हालात के मानी कभी समझा तो सही
जलन साँसों का हिस्सा है तो साँस न लूँ
कैसे समझूँ तेरे उलझे हुए हालातों को

कहाँ ले जाऊँ अपने जलते हुए जज्बातों को

कभी ये भी तो कह कि भरोसे का मानी क्या है
वो जो करती है तू या वो जो कहती है तू
भला कौन याद आता है जब तन्हा रहती है तू
ये और है कि इल्जाम तब भी मेरे सर आता है
न जाने किससे लड़ता हूँ तुझसे याकि खुद से मैं
बिना परवाह के दम रहता है कि जाता है
जान जाएगी गर तेरे नाम पे जानी होगी
साथ चहिए तो कीमत तो चुकानी होगी

थोड़ा जादू तो मेरी आँखों का भी

तुझमें है एक विलक्षण सा जादू
पर थोड़ा जादू तो मेरी आँखों का भी
जो देख और पहचान सकीं तेरा जादू

अब जब मेरी आँखों की रोशनी मर रही है धीरे धीरे
मरेगा उसी के साथ तेरा भी
मेरी आँखों के हिस्से वाला जादू
मेरी आँखों ने तेरा जो रूप देखा है
कोई और कभी नहीं देख पाएगा
तेरा रूप तेरी छवियाँ तेरा जादू
सब दफ्न हो जाएँगे मेरी इन आँखों के साथ

बहुत हैं जो तुझे जानते हैं
पर तू जिसे मैंने जाना

तू भी खत्म होगी मेरे साथ धीरे धीरे
तू जो मेरी परी थी कोई छू नहीं पाएगा तुझे
होगी कोई और जो चूमेगी किसी और को

ऐसे ही तेरी महक तेरी आवाज...आह
आह तेरी आवाज...
बहरे होंगे दुनिया भर के कान
उन आवाजों के लिए जो मैंने सुनी थी कभी

तेरे पैरों की वो गतियाँ चाहे साथ साथ चाहे अलग अलग
लिखते हुए हाथों के भीतर एक और कलम का चलना
तेरे उभरे हुए पेट की महक तेरी तनी हुई पीठ
तेरे बदन के ये हिस्से भी मरेंगे मेरे साथ साथ
मैं छीन लूँगा तुझसे अपने हिस्से का जादू

लिखते लिखते तेरी उँगलियों में पड़ जाएँगे फफोले
पर तेरे उन हाथों के भीतर एक और कलम अब कभी न चलेगी

उधर ही होती हो तुम

जब भी कुछ फरेब पलते हैं मेरी आँखों में
तेरी यादों का समन्दर सा उमड़ आता है
किस तरह मिला था मैं तुमसे
किस तरह साथ चला पल दो पल
किस तरह जा गिरा कदमों में
पिछले वक्तों का एक एक वक्फा
रह रह के नजरों से गुजर जाता है
किस तरह तेरे लिए फूल चुने
किस तरह चाहा तुझे हवा की तरह
किस तरह तेरे वजूद में जा खोया
किस तरह छुप छुप के बच्चों की तरह रोया
किस तरह अपने अरमानों को दबाकर रखा
किस तरह दर्द को सीने में छुपाकर रखा

वही अरमान आज जलते हैं तो
एक अंगारा खून में चल जाता है
मैं चुप रहता हूँ तो चुप्पी आदत मेरी
वही अंगारा आँखों में छुपा रहता है
दम पलटता है मैं कितना भी किधर को जाऊँ
उधर ही होती हो तुम मैं जितना जिधर को जाऊँ

आह

हूँ पर नहीं हूँ तेरे लिए
इतना कम है क्या कि
मैं उठूँ और चुपचाप
इस दुनिया से चला जाऊँ

छुपाना एक असम्भव क्रिया है प्यार में

(कहती हो कि अपना प्यार छुपाकर रखो
बन्द कर दो उसे अपने भीतर की सबसे अँधेरी कोठरी में
भनक तक न लगे दुनिया को
और तेरे रकीब को तो जरा भी नहीं)

मैं अपनी आँखों को फोड़ लूँ कि न दिखे तेरा चेहरा
मैं अपनी चमड़ी के रंग का क्या करूँ
जिसके भीतर से झलकता है तेरा ही रंग
बोलता हूँ तो शब्द निकलते हैं तेरे लिए
सोचता हूँ तो होती है तू ही मेरे माथे पर
चलता हूँ तो तेरी तरफ चलता हूँ
मेरे बदन पर हैं तेरे अनन्त निशान
इतनी चीजें कहाँ छुपाऊँ मेरी जान

छुपाना कुछ भी मुमकिन नहीं है मेरे लिए
मर भी नहीं सकता कि जलूँगा मैं तो जलेगी तू भी
हवा में बिखर जाएगी तेरी महक मेरी महकजान

छुपाना एक असम्भव क्रिया है प्यार में

जब मैं छुपाने का अभिनय कर रहा होता हूँ
सब मुझे ही देख रहे होते हैं
सब को पता है कि यह अभिनय ही है
और इसे प्यार छुपाने वाले की भूमिका मिली है
जब तक है मंच पर प्रकाश और प्रेक्षागृह में दर्शक
यह अपना प्यार छुपाएगा

(यह अपनी भूमिका में डूब गया है इतना

किसी और भूमिका के काबिल ही नहीं बचा
दर्शक नहीं होंगे तब भी छुपाएगा अपना प्यार
ताली कौन बजाएगा)

मैं तुम्हारी रोटी हूँ

नींद एक सपना है
जिसमें तुम कभी आती हो
कभी नहीं आती हो

मैं तुम्हारी रोटी हूँ
जिसे तुम कभी खाती हो
कभी नहीं खाती हो

कभी कभी तुम कुरकुरे खाती हो

प्यार में रुलाई

प्यार में जब रुलाई आती है तो यूँ ही अचानक नहीं आती
उसके पहले संकेतों की लम्बी श्रृंखला होती है

रुलाई के पहले एक आदिम डर आता है
रुलाई के पहले एक आशंका आती है
प्रिय की अच्छी बुरी स्मृतियों से जुड़ती हुई
रुलाई से पहले दिखाई पड़ता है अपना एकाकी तन
और दूर दूर तक कोई दिखाई नहीं पड़ता

रुलाई के पहले याद आते हैं अच्छे बुरे संयोग
रुलाई के पहले याद आते हैं अच्छे बुरे लोग
जिन्होंने प्यार की राह में काँटे बिछाए या फूल
रुलाई के पहले आँखों में भर जाती है धूल

या फिर हो सकता है ऐसे भी कि
तन को छुए सूरज की कोई गर्म किरन
और रुलाई आ जाय
तन को भिगोए बारिश की रिमझिम फुहार
और रुलाई आ जाय

रुलाई आने के पहले कानों में नहीं बजता करुण संगीत
रुलाई आने के पहले जगह बेजगह भी नहीं देखती
रुलाई तब भी आ सकती है जब ट्रेन में बैठा हो कोई
ट्रेन भागी चली जा रही हो धड़धड़धड़
दिख रहे हों खेत मैदान पेड़ चिड़िया और तालाब
उन सब के बीच दिख रहे हों लोग
और अचानक बगल की पटरी पर गुजरे
धड़धड़ाती हुई कोई रेल

गुम हो जायँ पल भर के लिए सारे दृश्य
और रुलाई आ जाय

लगी हो एक अबूझ अछोर प्यास
दरिया मना कर दे देने से अपना पानी
एक खारा समन्दर उग आए हलक में
बहे आँखों से होकर के

आटो में बैठकर चले जा रहे हो सिर झुकाए
बगल से सट कर गुजरे एक नया नया प्रेमी जोड़ा
बेशक वे सीख ही रहे हों प्रेम करना
उन्हें देखे आँख और आँखों से बह निकले पानी

प्यार में जब रुलाई आनी होती है तो आ ही जाती है

और रुलाई के इतने कारण एक साथ होते हैं
कि कोई एक कारण नहीं होता
प्यार में रुलाई को आना होता है
तो आ ही जाती है रुलाई

तुम्हारे बिना

हवा इतनी गर्म है कि जला जा रहा हूँ
एक धुन्ध है पारदर्शी जिसके पार
तुम ही तुम दिखाई पड़ती हो
भीतर है पूरी दुनिया एक सपने की तरह
तुम नहीं हो तो आँसू भी नहीं आते
एक मरघटी सन्नाटा है

तुम नहीं हो तो परदा भी नहीं हिला आज
तुम नहीं हो तो फूल भी नहीं खिला आज
तुम नहीं हो तो मेज पर बड़े बड़े दाग
तुम्हारे न होने से कहीं बचा नहीं पानी
सो मैंने अपने आँसू निचोड़े और साफ की मेज

जैसे रोने के बाद उजली दिखती हैं आँखें

वैसी ही उजली दिख रही है मेज
जैसे आँसू की एक एक बूँद में दिखाई पड़ा तुम्हारा चेहरा
वैसे ही मेज के जर्रे जर्रे में चमक रही हो तुम
मेरे हाथ तुम्हारे ऊपर टिके हैं
मैं तुम्हारे ही चेहरे पर लिख रहा हूँ तुम्हारे लिए एक चिट्ठी

मेज पर तुम्हारे इतने चेहरे हैं कि
एक भी नहीं देख पा रहा हूँ
आँखों में आ रहा है बार बार पानी
यह मेज पर चमक रही तुम्हारी उन आँखों में गिरता है
जो मुझे ही देख रही हैं शायद

यह मेरा भ्रम ही हो कौन जाने

वियोग श्रृंगार

वियोग के बारे में प्रामाणिक कौन हो सकता है जिसने संयोग की सघनता को जिया हो या जिसने संयोग को जाना ही नहीं। जो बिना प्रिय को एक बार भी चूमे हुआ उसका मजनूँ या वो जिसने मिलन के मधुमय दिन बिताए मदभरी रातें बिताईं और अब सिर्फ स्मृतियाँ बची हैं मिलन के एकसार क्षणों की। अभाव की कल्पना ज्यादा बड़ी है या भाव की स्मृति। पहले में अभाव है पर अभावी को उसका सही-सही मतलब ही नहीं पता। ईश्वर की कीर्तन करते हुए पागल होने जैसा है मिलन के पहले का इकतरफा वियोग। तो क्या पागल होना वियोग का चरम नहीं। प्रिय का संसार बसा लेना अपने भीतर और उसके भी भीतर जाकर रहना कौन जाने। मिलन के बाद का वियोग जहाँ बार-बार मिलन की रसभरी स्मृतियों में जाता व्याकुल मन उसके अभाव को भोगता है जिसके भाव को भोगा था उसने कभी जिसके सहारे सम्भव है कल्पना मिलन के अनन्त की।

स्मृति में हो कि कल्पना में जहाँ भी हो आँख का आँख से मन का मन से देह का देह से संयोग का संयोग से कुछ इस तरह से मिलना कि दोनों का संयोग मिलकर संयोग श्रृंगार बन जाए। इसके बाद आएँ वे दिन पहाड़ से जब संयोग से अलग हो संयोग देह से अलग हो देह पर मन से जुड़ा रहे मन। दोनों न सही कोई एक ही हो जो निशि वासर जीता रहे दूसरे को पल-पल अपने भीतर कुछ इस तरह कि श्रृंगार के आचार्य भी न बता पाएँ कि यह वियोग की है कौन सी अवस्था। जो हर लेता है हमसे प्रेम के सिवा सब कुछ और हम जानते ही जानते चले जाते हैं वियोग के समय अपने प्रियतम को। घनीभूत होती चली आती हैं स्मृतियाँ। स्मृति में हो कि कल्पना में जहाँ भी हो मिलन का पल अनन्त होता जाता है उस अनन्त पल में जानते हैं अपने प्रियतम को और भीतर से न जाने कितने प्रियतम निकलते चले आते हैं। नए-नए प्रियतम।

वियोग न हो तो हम जान ही न पाएँ कि हमारे लिए कितना जरूरी है

हमारा वह बिछुड़ा हुआ हिस्सा कि जैसे एक ही बीज के हों दो टुकड़े जिनका अलग होना दोनों को कर दे बंजर बेकार। कि जैसे अलग-अलग बिखरी हाइड्रोजन और ऑक्सीजन हों वायुमंडल में कितना भी फैलें अलग-अलग नहीं बनेगा पानी नहीं सम्भव होगा जीवन और प्यास का तो मतलब ही नहीं जानेंगे। कि हम कितना भी दूर रहें उससे धड़कना है उसी के भीतर। साँस भले ही अपनी दिखाई दे हवा उसी के भीतर आती और जाती है खून का रंग उसी के दम पर होता है लाल जिस्म में बची रहती है नमी उसी के दम पर। वियोग न हो तो हम जान ही न पाएँ कि हम बैठे हैं उसी के भीतर छुपकर कि जाने-अनजाने उसी को बना लिया है अपना घर। वियोग न हो तो प्रेम की स्मृतियाँ हो जाएँ बेकार वे हहराती-अकुलाती घूमें हमारे चारों ओर हमें पता ही न चले। हमसे दूर हमारी तड़प में टूटी-बिखरी मर ही क्यों न जाएँ हमारे प्रेम की स्मृतियाँ।

भला बताओ कि स्मृतियाँ न हों तो कहाँ रहे प्रेम का जिया हुआ पल

कहाँ रहे सब कुछ अगला और पिछला कहाँ रहे शुरुआती दिनों का नैन-मटक्का जो धीरे-धीरे छीनना शुरू करता है हमारा चैन और तब हमारे ही भीतर से प्रकटता है न जाने कब से छुपा बैठा प्रेम। तो कहीं वियोग हमारी ही सुखद स्मृतियों का खेल तो नहीं कि अपने को बचाए रखने की खातिर जानबूझ कर करवाती हों बिछोह हमारे उन्हीं सघन दिनों में पैदा कर देती हों तकरार की कोई वजह कि हम लड़ें-झगड़ें-झल्लाएँ-चिल्लाएँ और हो जाएँ एक दूसरे से दूर और फिर-फिर से जानें अपने प्रियतम को। ये तो कुछ ऐसे हुआ कि हम प्रेम के दिनों में रहे हों बन्द कली के भीतर और कली के खिलकर फूल बनते ही खुशबू की तरह निकल आया हो वियोग। वह पलता रहा हो संयोग के साथ-साथ मिलन के सबसे सघन और मादक दिनों के बीच भी। कि जैसे संयोग में छुपा है वियोग वैसे ही वियोग में छुपा है संयोग भी। वियोग का काल संयोग का भी काल होता है वियोगी अँधेरे में हम आत्मा तक डूबे होते हैं संयोगी पलों में।

जब लगभग तय रहा कि स्मृतियाँ ही रचती हैं वियोग तो कहीं ऐसा तो नहीं कि स्मृतियों का साथ देने के लिए इकट्ठा हो जाती हों जमाने भर की शैतानी ताकतें जो स्मृतियों के खेल को बदल देती हों एक साजिश में और कई बार यह भी हो जाता हो कि स्मृतियों पर हो जाती हों हावी वही शैतानी ताकतें जो अकेले तो शायद कुछ भी न कर पातीं कौन जाने कि कभी जीत ही जाती हों। स्मृतियाँ भले ही उनके पक्ष में हों या खिलाफ पर इतना तो तय है कि ऐसे दिनों में स्मृतियाँ ही बचाए रखती हैं प्रेम। आखिरकार कौन जाने प्रेम की बात और प्रेम की तरह प्रेम की स्मृतियाँ भी हों अथाह समन्दर सी और यह कि किन्हीं भी अर्थों स्मृतियों में प्रेम का बचा होना भी शैतानी ताकतों का तबाह होना है जबकि प्रेम की करारी हार भी नहीं कर सकती प्रेम को तबाह तब उसे बचाती हैं स्मृतियाँ तब उसे बचाता है हमारा अपना वियोग श्रृंगार।

पलक झपकने भर में...

पलक झपकने भर में कोई किसी को
कितना याद कर सकता है
एक साँस से दूसरी साँस के बीच
कितनी बार जपा जा सकता है किसी का नाम
दिल से पैर की छोटी उँगली तक
खून की एक बूँद पहुँचने में कितना समय लगता है

आँखों में दिख रहे चेहरे के पीछे कोई और चेहरा
छुपा रह सकता है क्या
हो सकता है क्या कि कोई एक पुरानी छुवन
मचलती रहे सदा चमड़ी के भीतर
गमकती रहे बस एक ही महक

ऐसे और भी हो सकते हैं बहुतेरे सवाल

प्यार में इनके बारे में सोचना गुनाह है
प्यार करने वाले बना लेते हैं एक और दुनिया
अपनी दुनिया में रहते हैं और प्यार किए जाते हैं
जो इन सवालों में सिर खपाते हैं कभी प्यार नहीं करते

तुझे देखना

एक पूरे दिन के बाद तुझे देखना
एक पूरे दिन के बाद अपने आपको देखना है
तेरे भीतर की चमक जिसका दीवाना हूँ मैं
तेरी आवाज जो मेरे ही गले से निकलती है जैसे
अक्सर मेरे ही खिलाफ जाती हुई

तुझे देखता हूँ और देखकर गुम रहता हूँ
नहीं देखता हूँ तो बिना देखे गुम रहता हूँ

ये परदा मेरा कफन है

बार-बार ढकती है तू अपना बदन
जो पहले से ही पूरा ढका हुआ है
एक परदा है मुझसे
जो कभी खत्म नहीं होता

एक परदा है मेरी साँसों से
एक परदा है मेरी बातों से
एक परदा है मेरी तड़प से
मेरे प्यार से मेरी कामना से

एक परदा है मेरे लिए तेरे भीतर
जो हमेशा आ जाता है बीच में
ये परदा मेरा कफन है जिन्दगी
ये कफन ओढ़ के मर गया हूँ मैं

रात मेरी रात

तेरे फोन के इन्तजार में रात को रोके रखता हूँ
रात मेरे हुक्म की गुलाम न सही पर वो
इन्तजार करती है कि मैं तुझे अपनी आँखों में
कहीं भीतर छुपा लूँ तब वो आए

दिन एक लम्बा पथरीला रास्ता है
जिस पर चलना होता है मुझे तुम्हारी ही खोज में
मेरी प्यारी रात जानती है यह बात
वह मेरी सिगरेटें खत्म होने का इन्तजार करती है
मुझे मोहलत देती हुई कि मैं आग को जी भर चूमूँ
और भर लूँ अपनी साँस और खून में

मेरे जिस्म का रंग गेहुँआ है जो तेरे बदन का रंग है
रात मेरी रात आती है मुझे अपनी बाँहों में लेने
मैं उसकी दी हुई शराब पीता हूँ और उसके जादुई

बदन में अपने को गुम कर देता हूँ

मुझसे लिपटती है मेरी जान
वो मुझे खाती है मैं उसे
मैं उसकी बाँहों में मजे से मर जाता हूँ

हमजाद

चुप्पी का शोर मुझको मारे डाले है
जो बगल में बैठा है उसे खबर ही नहीं

हर पल उनके लिए मरा किया मैं
मेरे यार ने मुझसे बात की तो गुनाह किया

वे फूल ताजे हैं अभी

मैंने तुम्हें जो फूल दिए थे
जिन्हें तुमने सोच समझ कर
अपने हाथों से गिर जाने दिया था
वह गिरे हुए मुरझाए फूल
कल न जाने कैसे
एक उदास लड़की को जा मिले
और ज्यादा चमकीले और महकीले होकर

एक बार तो मैं ही नहीं पहचान पाया
कि ये वही फूल हैं जो मैंने तुम्हें दिए थे
जिन्हें मैं देकर भूल गया था
तुम गिराकर भूल गई थी
वे फूल ताजे हैं अभी
देखो उधर

उनकी महक और रंग में बेसुध होकर
वह लड़की नाच रही है

मैं हमेशा तुम्हें ढूँढ़ता हूँ

मैं हमेशा तुम्हें ढूँढ़ता हूँ
जैसे एक हाथ दूसरे हाथ को ढूँढ़ता है

तुम्हारे बिना यह जिन्दगी वैसे ही है
जैसे एक हाथ से ही करने हों सारे काम
एक ही आँख से देखनी हो दुनिया
एक ही पैर से घिसटा जाय इधर उधर बेमतलब
दूसरे पैरों की जगह झूठ मूठ की बैसाखी लगाए हुए
जैसे एक ही फेफड़े से ली जाय साँस और डरते रहा जाय
एक ही फेफड़ा है न जाने कब छोड़ दे साथ

जैसे एक बहरा कोलाहल हो जिसमें फँसी हो जिन्दगी
जैसे खूब प्यास लगी हो और पानी मिले खौलता हुआ
पीने पर पड़ जाएँ हलक में फफोले निकल जाए जान
जैसे बादल घिरे और गरजे तो डर लगे कँपकँपी हो

बारिश हो तो पानी की बजाय बरसाए कंकड़ पत्थर

मैं हमेशा तुम्हें ढूँढ़ता हूँ
जैसे लिखने के लिए स्याही ढूँढ़ती है निब
जैसे जलने के लिए आग ढूँढ़ती है ऑक्सीजन

मैं तुम्हारे भीतर रहता हूँ

मैं तुम्हारे भीतर रहता हूँ
जैसे मछलियाँ पानी में रहती हैं
जैसे धूल हवा में रहती है
जैसे पत्तियों में रहता है हरापन
जैसे फूल में रहती है महक
जैसे चाँदनी में रहता है चाँद
जैसे आकाशगंगा में रहती है पृथ्वी
जैसे हथेली में रहता है हथेली का निशान

जैसे पानी में पानी रहता है
जैसे हवा में हवा रहती है
जैसे हवा में जगह रहती है
जैसे धरती में रहते हैं खनिज
जैसे सूरज में रहती है आग

जैसे रोशनी में रहते हैं रंग
जैसे मिट्टी में रहती है गमक
जैसे समन्दर में रहता है नमक

मैं तुम्हारे भीतर रहता हूँ
जैसे मेरे भीतर रहता है खून
जैसे खून में रहता है लोहा
जैसे एक जीवन में छुपा रहता है दूसरा जीवन

भीतर का कुछ भी लोग जान नहीं पाते हैं

सबके लिए उम्मीद है मेरे लिए कोई उम्मीद नहीं है
सबके लिए जिन्दगी है मेरे लिए कोई जिन्दगी नहीं है
सबके लिए प्रेम है मेरे लिए कोई प्रेम नहीं है

जबकि पेड़ों को भी होती है बसन्त की उम्मीद
पथरीले पहाड़ों की भी जिन्दगी होती है
नदी और समन्दर भी प्रेम करते हैं
तो जो कुछ भी मैं हूँ क्या है ये
बिना उम्मीद बिना जिन्दगी बिना प्रेम के

बावजूद इसके चलता हूँ बोलता हूँ साँस लेता हूँ
सब कुछ करता हूँ रोता हूँ सोता हूँ
लोग भी हैं आसपास बात करने के लिए
खूब बातें करता हूँ और हँसता हूँ

क्या करूँ क्या करूँ कहाँ जाऊँ उसे पाऊँ
भीतर का कुछ भी लोग जान नहीं पाते हैं

तुम

रोशनी होती है तो कौन सा चेहरा देखता हूँ मैं
अँधेरा होता है तो कौन सा चेहरा चमकता है रोशनी की तरह
अकेला होता हूँ तो कौन होता है साथ में हमेशा
भीड़ होती है तो किसका साथ चाहता हूँ मैं
रोता हूँ तो कौन रखता है पीठ पर हाथ
हँसता हूँ तो कौन चुनता है हँसी के मोती

झूठ

हर दिन दुनिया और वीरान लगती है
रंग बेदम हवा जहरीली
रोशनी आँखों में अँधेरा भरती है
मेरी जान छोड़कर जा रही है मुझे

चाहता हूँ लिखूँ उसके लिए विदा का एक पत्र
और उसमें लिख डालूँ ढेर सारे झूठ
कि तू नहीं होगी तब भी सब कुछ ऐसे ही चलता रहेगा
कि तेरे बिना भी खुश ही रहूँगा मैं
लिखता रहूँगा कविताएँ और कहानियाँ
गढ़ता रहूँगा नए नए किस्से रोज रोज

कि सब कुछ झूठ ही था हमेशा
कि मैंने कभी नहीं किया था तुझसे प्यार

तेरे लिए मरा तो कभी ही नहीं
तू वैसी ही है मेरे लिए
जैसे सड़क पर चलती हुई कोई और लड़की

कि तुझमें कोई जादू ही नहीं था कभी
और उसमें मैं बिंधा तो कभी था ही नहीं
कि तू चली जाएगी तब भी नहीं होगा कुछ
मैं तड़पूँगा मरूँगा तो कभी भी नहीं
न याद करूँगा न सोचूँगा तेरे बारे में
जा तू खुशी से जहाँ जाना हो तुझे
मैं भी खुशी से कहीं और चला जाऊँगा
एक दिन मैं ये लिखूँगा और मर जाऊँगा

अपनी बातों को कितना भीतर ले जाऊँ

अपनी बातों को कितना भीतर ले जाऊँ
किस महासागर की किस तलहटी में रख आऊँ अपने अरमान
किस पहाड़ की चोटी पर रख आऊँ कि रखते ही पड़ जाए बरफ
दब जाएँ हजारों साल के लिए सारी इच्छाएँ प्यार और वासनाएँ
किसी फल में छुपाकर रख दूँ और खिला दूँ किसी चिड़िया को
मिट्टी में मिलाकर बना डालूँ उसकी एक ईंट
कि किसी गुल्लक में छुपाऊँ और दे आऊँ अपने दुश्मन को
ले चट कर जा सबको एक साथ
नहीं बचा प्यार में तेरा कोई प्रतिद्वंद्वी
अपने इन अरमानों के सिवा आखिर मैं था ही क्या

तेरी आवाज सुनता हूँ

तेरी आवाज सुनता हूँ
बैठाता हूँ कहीं भीतर
यह आवाज फिर सुनने को नहीं मिलेगी

देखता हूँ और देखता रहता हूँ
फिर कभी नहीं देख पाऊँगा तुझे
तुझे छूना चाहता हूँ एक बार कहीं भी
मेरी उँगलियाँ यह जादू अब कभी नहीं जानेंगी
एक ऐसी भी छुअन होती थी कभी

महसूस करता हूँ तेरा बगल में होना
ये अब स्मृतियों में ही रहेगा हमेशा
मेरे बगल में बैठेंगे भूत और प्रेत
तेरी स्मृतियाँ कहीं बैठेंगी मेरे भीतर

और कुछ भी नहीं है तू

तू एक महक है बस
जो मेरे भीतर बस गई है हमेशा के लिए
जिसे मैं न जाने कहाँ खोजता रहता हूँ

एक छुअन भर है
मेरे समूचे अस्तित्व को छूती हुई
ये छुअन दौड़ती है मेरे खून में हमेशा

तू सिर्फ एक रंग है
जिसके ऊपर कोई रंग नहीं चढ़ता
कितने भी रंग आएँ जिन्दगी में
तुझमें ही रँगा रहूँगा

तू एक चेहरा भर है

मुझसे इतनी दूर जितनी दूर है चाँद
मेरे भीतर चमकता रहेगा तेरा प्रतिबिम्ब

तू एक पैर है बस
जिसे चूमने की ललक बनी रहेगी हमेशा
जिसकी स्मृतियों से लिपटकर मरता रहूँगा मैं

तू हवा है बस
तू पानी है बस
तू धूप है बस
और कुछ भी नहीं है तू

तेरा बदन एक पूरी पृथ्वी है

तेरा बदन एक पूरी पृथ्वी है
जिस पर उगी हुई घास हूँ मैं
जहाँ दौड़ते हैं मेरे मन के घोड़े
मुझे ही चरते हुए

दो पहाड़ हैं एक दूसरे के समानान्तर
अपनी ऊँचाइयों से सम्मोहित करते हुए
जिनके शिखर पर छलकता है अमृत
नीचे एक मैदान है सुस्ताने के लिए
जिसके थोड़ा और नीचे एक दरिया बहती है
सुख के महासागर की तरफ जाती हुई
जहाँ पनपता है अमर जीवन

एक जंगल है न जाने कहाँ तक फैला हुआ
जिसके हरे अँधेरे में खोया हुआ हूँ मैं

तुम्हारी बेरुखी झेलते हुए

थक गया हूँ मैं
तुम्हारी बेरुखी झेलते हुए

दिन का मतलब दिन नहीं होता
रात का मतलब रात नहीं होती
तुम्हारी बेरुखी मेरी साँस में चुभकर
सारी चीजों के मानी बदल देती है

मैं चीजों और उनके बहुत सारे अर्थों के बीच
हवा द्वारा दुरदुराए पत्ते की तरह दर दर बिखरता हूँ

ऊब का रंग

ऊब का रंग जून की धूप जैसा होता है
अगर प्रिय पास न हो
तो बारिश सिर्फ उमस लाती है

तेरी महक

तेरी महक जो उड़ती है मेरे चारों ओर
उसमें भला कितनी ऑक्सीजन है
वो वोदका जो मैंने तुम्हारे साथ में पी है
उसका रंग मेरे आँसुओं से मिलता है

मैं कहीं भी चलता हूँ पहुँचता हूँ हर हाल में तुम तक
तुम जो हर कदम के साथ जाती हो मुझसे और दूर

चुम्बन जहर ही बनेगा तुम्हारे लिए

जब तुम लिखती हो तुम्हारे साथ
तुम्हारे हाथ की पेशियाँ हवा की तरह बहती हैं
मैं अनन्तकाल से तुम्हारे हाथों की जादुई गतियों में गुम हूँ

मेरी नामुराद आँखें भी न जाने कहाँ जा रुकी थीं
तुम्हारे पैर तुम्हारी पीठ का वो तिल
ये भी कोई अंग हुए प्यार करने के
ये भी कोई बात हुई भला

आखिर किसने दिया होगा अपनी प्रेमिका को
उर्द की कढ़ी जैसा स्वादिष्ट नाम
किसने चूमना चाहा होगा किसी परी के पंख
तुम्हारे साथ तो यही सब होना था

तुम्हारे प्यार में नहीं था कोई सलीका
होंठों से ज्यादा प्यार किया गर्दन को
होंठ तो रुकेंगे ही
चुम्बन जहर ही बनेगा तुम्हारे लिए

तुम्हारे बारे में कुछ नहीं कहूँगा

हवा को इस बात का पता भी है कि नहीं
कि उसमें चिड़िया रहती हैं
पानी इस बात को जानता है या नहीं
कि वह घर है मछलियों का
और तुम तो यकीनन नहीं ही जानती होगी
कि यह तुम हो जिसके भीतर बन गया है मेरा बसेरा

हवाएँ तेज होती हैं तो गिरते हैं पेड़ मरती हैं चिड़ियाँ
पानी मौज में आता है तो बहुत सारी मछलियों को
उछाल देता है अपने से बाहर

तुम्हारे बारे में कुछ नहीं कहूँगा

हम जिन्होंने चूमा था सड़कों पर एक दूसरे को

अकेला हूँ
अपने आवेगों और उदासियों के साथ
आज की शाम भी पिछली शामों से कुछ अलग नहीं है

कविता में कहूँ तो लोग कहेंगे कि ये शिकायती कविता है
इसके प्रियतम ने छोड़ दिया है इसे
और अब यह बैठ कर कविता में शिकायतें लिख रहा है

नहीं हमारे प्यार में कोई कमी नहीं थी
हम दोनों तो थे ही दो नदियों का संगम
साथ साथ बहे भी दूर तलक
पर अब कोई नहीं बचा सकता हमें
छीज रहा है हमारे बीच का प्रेम

बह रहा है हमारा पानी अलग अलग दिशाओं में
हमारे अलग अलग होंगे खेत और मैदान
कभी मिलेंगे तो जाने क्या करेंगे
मारेंगे एक दूसरे की मछलियों को या करेंगे जवान
जिन्हें कभी हम हमारी मछलियाँ कहा करते थे
पिछली यादों में मुँह से निकल जाता है अब भी कभी कभी

बारिश के दीवाने थे हम दोनों एक दूजे के तो थे ही
उसके बदन का पानी मेरी प्यास बुझाता
मेरे बदन का पानी उसकी चमक बढ़ाता
अभी उसके हिस्से का पानी खारा होता रहता है
उसे पता भी नहीं चलता
और मैं उसी का टूटा हुआ हिस्सा उससे अलग हूँ क्या

कभी फूल चुने थे मैंने उसके लिए नित नए
एक लहर थी खुशी कि जो उसकी तरफ से आती थी
मैंने उसे ऐसे ऐसे फूल भेंट किए जिनके नाम
न वो जानती थी न मैं
जिनके लिए मैं घूमा जंगल जंगल
कैसी तो चमक आती थी मेरी जानफूल के चेहरे पर
आते थे कैसे कैसे रंग
मैं उन रंगों का दीवाना
अगले दिन एक नया फूल तलाशता था
पर अभी छीज रहा है हमारे बीच का प्रेम
मैंने उसे बहुत दिनों से कोई फूल नहीं दिया
इससे भी बदतर यह है कि
वह अब मुझसे उम्मीद ही नहीं करती

वह मेरे लिए कपड़े लाती थी
अब उन कपड़ों के बिना
कपड़े पहन कर भी नंगा घूमता हूँ
वो मेरी जान जान भी नहीं पाती
हमारा प्रेम मर रहा है
हम उसे बचाने के लिए लड़ते हैं रोज
और रोज खो देते हैं थोड़ा सा प्यार
इतना सबर नहीं हो पाता हमसे
कि एक दूसरे को छोड़ दें जहाँ के तहाँ
इतना तो बचा रहे जितना है अभी

हम जिन्होंने चूमा था सड़कों पर एक दूसरे को
झमाझम बारिश के बीच
ऐसी बातों पर लड़ते हैं जो प्यार की वजह बनतीं

हमें दिखने लगी हैं एक दूजे में कमियाँ ही कमियाँ
एक दूजे की साँसों से बास आती है
पिछली यादें हमें चुप नहीं रहने देतीं
लड़ते हैं रोज रोज माफियाँ माँगते हैं
हमारा प्रेम और और कम होता जाता है

अजब सा ठंडा अँधेरा है जिसने हमें दूर किया
जबकि इस समय हमें और पास होना था
वे शब्द चुरा ले गया कोई जो हमें करीब लाते थे
वह ध्वनियाँ वह महक वह खाली जगहें जो भरती थीं हमें
एक दूसरे में गुम हो गईं न जाने किस बियाबान में
हमारे बीच अकाल पसर रहा है
वह नखलिस्तान जो मिल कर रचा था हमने
उसमें उड़ती हुई रेत हमारी आँखों में गड़ती है

अँजुरी भर पानी नहीं ढूँढ़ पाते हम साथ साथ

अब यही रेत हमारा भविष्य है

देर तक मुस्कराता हुआ चुप रहा

मैं बैठा किसी से बात कर रहा था
उन्हें हर बात दोहरानी पड़ रही थी
फिर भी नहीं मिल रहा था सही जवाब
थोड़ी देर में पूछ ही लिया क्या हुआ मित्र
कुछ परेशान से हो कहीं खोए हो क्या बात है
मैं उस समय तुममें खोया था और जल रहा था

मैं चिल्ला चिल्ला कर रोने को था जब पानी आया
भीतर ही भीतर दाब रहा था रुलाई
दो पीस बर्फी चाय और नमकीन ने मेरी मदद की

मेरी आँखों में दुनिया भर के दुश्मन दृश्य तैर रहे थे
जब मैं कर रहा था कविता कहानी पर बात
यही दुनिया है और यही इस दुनिया का जीवन
रोता हूँ तो उन आँसुओं से तार जोड़ता है कोई और

कितने वाकए हैं मेरे जीवन के जो जुड़ते हैं तुमसे
उन्हें कई बार मैं ही जोड़ देता हूँ किसी और के साथ

बाहर निकला हवा थी जिसमें तेरी महक थी भरी
मैं सिहर कर कँपकँपाया तो साथ चल रहे दोस्त ने थामा
क्या हुआ पूछा मैंने कहा हवा सुन्दर बह रही है
और उसमें हिल रहे हैं अमलतास के फूल
मेरे भीतर भी कुछ हिल सा गया था
दोस्त ने अजीब नजरों से देखा मुझे और मुस्कराया
मैंने भी उसकी नकल की और देर तक मुस्कराता हुआ चुप रहा

चुप्पी

चुप्पी कहाँ से आती है इतनी कि
बोलने को शब्द नहीं बचता कोई
वाक्य टूट टूट जाते हैं
गायब हो जाती है दो शब्दों के बीच की जगह
जो उनमें अर्थ पैदा करती है
तो होता यह है कि कई बार बोलता हूँ
कोई कुछ समझ नहीं पाता इसलिए चुप रहता हूँ

समय की मनोरमता इससे कम नहीं होती
हरा हरे की तरह ही दिखाई देता है
फूलों में रंग महक और कोमलता तब भी बनी रहती है
स्वाद बचा रहता है पकवानों में
हवा चलती रहती है पानी बहता रहता है

इतना शोर है चुप्पी के चारों ओर
भीतर की आवाजों का जिक्र नहीं करूँगा
जो बाहर आती हैं तो इतना रूप बदल कर आती हैं
कई बार मैं भी पहचान नहीं पाता
यह उन्हीं गुम हुई आवाजों की कविता है
जिनका पता ठिकाना मैं ढूँढ़ता रहता हूँ
अपनी जिन्दगी की याद में मरता हुआ

बहुत लम्बी रुलाई

बहुत लम्बी रुलाई हूँ मैं
एक अनन्त साँस में फैली हुई
एक कम्पन है जिससे लिपटकर
थरथरा रहा है सब कुछ

इसी थरथराहट में मैं भी हूँ
मेरी रुलाई भी

भविष्य

बेकली में कलेजे को थामे रखता हूँ
एक और दुनिया की तैयारी में
जहाँ तुम होगी और मैं तुम्हें चूमूँगा
तुम भी काटोगी मुझे दीवानगी के साथ

पुराना पत्ता

नया पत्ता आता है
डर के मारे पीला पड़ जाता है पुराना पत्ता
डाली अपने से दूर फेंक देगी अब उसे

हवा में इधर से उधर उड़ते पत्ते के भीतर
कौन सी स्मृतियाँ खलबलाती होंगी
समन्दर मछलियों को उछाल देता होगा बाहर
तो मछलियों के मन में भला कौन से खयाल आते होंगे

वियोग

तुम आई हो मेरे पास वियोग की तरह
जैसे मौत आती है सतरंगे परिधान में
और देर सबेर पहचान ली जाती है

तुम मेरे पास वैसे ही हो जैसे ऑक्सीजन
जब तक मर नहीं जाता तब तक लूँगा साँस

रोता हूँ और रोता रहता हूँ

रोता हूँ रोता रहता हूँ
कोई चुप कराने नहीं आता
मरता हूँ मरता रहता हूँ
कोई पानी पिलाने नहीं आता

मोहब्बत में हुआ हूँ कोढ़िया कलन्दर और अछूत
छूने भर से लग जाती है छूत

अगला जनम

जब उसे मुझ पर खूब प्यार आता है
तब वह अगले जनम की बात करती है

अगला जनम यानी
अब मर ही जाना चाहिए मुझे

जरूरी नहीं कि ऐसा कुछ हो

जरूरी नहीं कि आँखें आँसुओं से डबाडब भरी हों
बाल बिखरे हों और चेहरे पर हो देवदासी उदासी
कि आँखों की पुतलियाँ दिखें लगातार नाचती हुईं
कि आँखें दिखें पतझड़ के जंगल सी वीरान
खून उबलना शुरू कर दे या कि जम ही जाय

जरूरी नहीं कि तुम्हारी महक से दूर होकर
भटकूँ कपड़े फाड़ दीवानों की तरह
तुम्हारा नाम ले के चिल्लाऊँ
हवा में देखूँ तुम्हें बातें करूँ
आईने में दिखे हमेशा तुम्हारा ही चेहरा
सूख जाए गला पानी उतरे ही न हलक के नीचे
जरूरी नहीं कि ऐसा कुछ हो
जब चली जाओ तुम मुझे छोड़कर कहीं दूर

जरूरी नहीं कि मेरा खून जहरीला हो जाय
मर जायँ मछलियाँ सारी मेरे भीतर की
जुबान में उग आए बिच्छू का डंक
बातों से टपके वहशत की लार
नाक सूँघें हमेशा किसी साजिश की बू
जीभ का स्वाद हमेशा के लिए खो जाय
कुछ भी जरूरी नहीं मेरी जान कि कुछ हो ही जाय
हो सकता है ऊपर की बातों का उलटा हो सब कुछ

नींद इतनी आए कि हमेशा सोता ही रहूँ
जिस्म में बस जाए एक अनवरत गुदगुदी
हँसूँ इस तरह कि हँसने के लिए जाना जाऊँ
जबान का स्वाद इतना बढ़ जाय कि
कुछ भी खाऊँ छप्पन भोग लगे

कि कुछ भी हो जाए और खून कभी उबले ही नहीं
आँखें देखें नदी पहाड़ जंगल और सब कुछ उन्हें मैदानी लगे
पर जरूरी नहीं मेरी जान कि कुछ हो ही जाय
हो सकता है ऊपर की बातों का उलटा हो सब कुछ

जा जाना हो जहाँ तुझे
जरूरी नहीं कि आऊँ ही तेरे पीछे घिसटता हुआ
हो सकता है तेरी पीठ की दिशा में चला जाऊँ चुपचाप
जरूरी नहीं कि तेरा चेहरा दिखता रहे हमेशा
कौन जाने तेरे बाद कोई चेहरा दिखे ही न कभी
जा जहाँ जाना हो तुझे जा
जरूरी नहीं कि तुझे जाने ही दूँ खुशी खुशी
कि कैद कर लूँ हमेशा के लिए अपने भीतर
तेरी छाया तेरे नाम से पहचानी जाए
हो सकता है ऊपर की बातों का उलटा ही हो जाए

मैं तेज रफ्तार होना चाहता हूँ

तुम्हारे बालों में उँगलियाँ फिराए जमाना बीत गया
पूछती हैं हमेशा ये हमसे अपने घर का पता

सोचता हूँ कि तुम्हें पूरा का पूरा भूल जाने के लिए
मुझे कितने प्रकाशवर्ष की जरूरत होगी
मैं तेज रफ्तार होना चाहता हूँ

चाह

एक तलाश है अन्तहीन
एक तड़प है अछोर
एक प्यास है रेगिस्तान जैसी
मैं दुनिया की सभी तलाशों, तड़पों और प्यासों को
आपस में जोड़ देना चाहता हूँ
और इस सब के बीच कहीं गुम हो जाना चाहता हूँ

मैं जी भर कर रोना चाहता हूँ
उसके बाद चैन से सोना चाहता हूँ

मैं जब पुकारता हूँ तुम्हें

तुमको फोन किया बार बार
जवाब आया कि मुझे फोन मत करो
खुद ही कर लूँगी मैं जब बात करनी होगी कभी
अभी मैं अकेले रहना चाहती हूँ

तुम्हें बार बार फोन
मैंने अकेलेपन से घबराकर ही किया था
मैं सब तरफ सब कुछ से घिरा हूँ
बहुत भीड़ है बहुत शोर है तरह तरह के हंगामे हैं
मैं भी उनमें गुम रहता हूँ खुद को भी भूला रखता हूँ
कि इसके बाद भी जब देखता हूँ दूर तक
एक रेगिस्तानी अकेलापन खाता है मुझे धीरे धीरे
और तुम तब दिखती हो दूर कहीं चमकती हुई
पानी के लहराते सोते की तरह

मैं तुम्हारी रूह का बिछुड़ा हुआ हिस्सा
शुरू से जानता हूँ कि वहाँ तुम नहीं हो
तुम बहुत दूर हो कहीं अपने अकेलेपन में गुम
वह पानी जो मेरी प्यास को जिन्दा रखता है
किसी और रेगिस्तान में प्यासा तड़पता है
तब भी पुकारता हूँ तुम्हें बार बार व्याकुल होकर

मैं जब पुकारता हूँ तुम्हें प्यास से मरता हुआ
तब यह मेरी या तुम्हारी नहीं हमारी प्यास होती है
जिसको मिटा नहीं सकती हजारों साल की बारिश
जिसको भूली बैठी हो तुम इन दिनों एक जिद में

विदा मेरी रगों में बहती हुई नदी

तुम्हारे शहर में भटकता रहा साल दर साल
तुम्हारी तलाश में

तुम मिली
तुमसे मिल लिया
तुमसे मिला किया
अब खानाबदोश मैं
कोई और शहर जाना चाहता हूँ

तुम्हारी चाहतों का शहर
मेरी चाहतों का सफर
दोनों अलग अलग बातें हैं
जिन्हें मिला पाना न तुम्हारे लिए मुमकिन
न मेरे लिए

मेरे लिए तो और भी नहीं

विदा मेरी वर्जित फल
विदा मेरी शहर
विदा मेरी चाहतों की बॉस
विदा मेरी रगों में बहती हुई नदी

विदा मेरी...

वर्धा में तुम्हारी याद

यह मई का महीना है
वर्धा की जालिम पगडंडियों पर चलते हुए
ठोकर खाकर गिरता हूँ

जहाँ गिरता हूँ वहाँ खिले हुए हैं बहुत सारे फूल
इतने छोटे छोटे कि चलते हुए दिखाई तक नहीं दिए कभी
मैंने अपने स्मार्ट फोन से उनकी कई तसवीरें खींची
और उन्हें बड़ा करके देखना चाहा
उनका जादू बिखर सा गया
वे अपनी लघुता में ही विराट हैं तुम्हारी तरह

यह जाने कौन सा जादू है कि जब भी गिरता हूँ
किसी न किसी बहाने वहाँ तुम्हीं होती हो हाथ बढ़ाने को

तुम्हीं बताओ मेरी सखी

कौन है जिसने अपने आँसुओं से भर दिया है महासागर
कौन है जो अनन्त जन्मों से कर रहा है तुम्हारा इन्तजार
कौन है जिसने अनन्त ब्रह्मांड की थाह लगाई अनन्त बार
कौन है जो प्रकाश की गति को पीछे छोड़ता हुआ
भटकता है अधर में लटकी आकाशगंगाओं में

हवा चलती है तो जो तुम्हारी आँख में गड़ता है
दाँत में फँसा हुआ कोई रेशा जो निकलने का नाम नहीं लेता
एक न पूरा हुआ सपना जो नींद तोड़े रखता है कई कई रात
एक पेन जो फँसकर चलती है जिसकी स्याही कभी खत्म नहीं होती
जिसे फेंक कर के तुम दोबारा उठा लेती हो न जाने क्यों

रो मत नैना

चुप चुप चुप रह
कुछ भी मत कह
रो मत नैना

खो जाएगा
उनका चैना

पलाश

यह फरवरी होती है कि एक दिन
हम अचानक देखते हैं उनके लाल तप्त होंठ
साल के बाकी समय वे धूसर दिखते हैं
विरक्त सब कुछ से

वे अभिसार की कामना में नग्न होते जाते हैं पूरी तरह
कई बार तो अपना आखिरी पत्ता तक उतार फेंकते हैं व्याकुल होकर
धूप चटक होती जाती है वे लाल होते जाते हैं
इतना रंग इतनी कामना इतनी आग कहाँ छुपी रहती है उनके भीतर

यह उनकी विकल पुकार है प्रेम की
यह हमारे पुरखों की वेदना का लहू है
मैं अपने उन्हीं पुरखों का अंश
पागल भटकता हूँ तुम्हारे लिए हर पल

मैंने समय की समझ खो दी है
कभी भी हो जाता हूँ लाल
कभी भी दिखने लगता हूँ धूसर
कभी भी होता हूँ नग्न और रोता हूँ तुम्हें पुकारता हुआ

चलती ट्रेन में तुम्हारी याद

पिछले बीस साल से एक पैसेंजर ट्रेन में सवार हूँ
जो चलने से ज्यादा रुकी रहती है
और यह रुकना भी स्टेशन की बजाय कहीं बीच में ज्यादा होता है
जहाँ दूर दूर तक पेड़ पौधे खेत और तालाब आदि होते हैं
पीछे से झाँक रहा होता है कोई गाँव
तब मुझे तुम्हारी याद बहुत ही सताती है
और यह खुद को याद करने से जरा भी अलग नहीं होती

मेरी छोटी छोटी उम्मीदों को मारती हुई
हर दिन के साथ अकेला कर रही है मुझे यह ट्रेन
जो बात कहनी हो कह न पाओ कभी
या तब कहो जब इतनी पुरानी हो जाय कि असर खो बैठे
समूचा आसमान ढक लेना चाहता है मुझे
धरती समो लेना चाहती है खुद में

नदियाँ बुलाती हैं अपने भीतर
मैं जाता हूँ उनके पास एक एक कदम चलता हुआ
और एक चुप बातचीत के बाद लौट आता हूँ

एक रास्ता है जिस पर या तो साइकिल से चला जा सकता है या पैदल
तुम्हारी यादें हैं बीस साल पुरानी जो और और पुरानी होती जानी हैं
हमारा मिलना असम्भव होता जा रहा है

मैं जिस ट्रेन पर सवार हूँ वह मुझे तुमसे और और दूर लिये जा रही है
बगल में ही कहीं तुम्हारा गाँव है पर मेरा उतर पाना मुश्किल
मेरे जूतों में चुम्बक है मुझे खींचता हुआ
और बिना जूतों के मेरा चलना असम्भव
तब भी जब कई बार जूतों के फीते जरा ढीले होते हैं
मुझे तुम्हारी बहुत याद आती है

इतनी कि कई बार रोने ही लगता हूँ मैं
मैं अभी भी वही हूँ तुम्हारा भावुक रोंदू
यह अलग बात है कि आँसू अब मर्म का आईना नहीं
जब रोता हूँ तब हो जाते हैं अदृश्य
और कई बार बेवजह आते हैं तो आते ही चले जाते हैं
सस्ती फिल्मों के सस्ते भावुक दृश्यों पर भी
वह सारी फिल्में मैं ही हिट कराता हूँ

कल यह ट्रेन रुक गई थी बहुत देर के लिए कहीं
और तब मुझे वह मिला हमारे बीच का पत्रवाहक
वहीं स्टेशन पर पानी बेचता हुआ
जो एक चिट्ठी पहुँचाने का पाँच रुपया लिया करता था हमसे
मैंने उससे तुम्हारे बारे में पूछा
वह बड़ी अश्लील हँसी हँसा और बोला कि अब तक तो तुम लड़कोर
हो गई होगी

मैंने उसकी अश्लीलता पर ध्यान नहीं दिया और तुम्हारा हाल पूछा
उसकी आँखें ड्रेकुला की आँखों की तरह सफेद हुईं और उनमें दृश्य
दिखने बन्द हो गए।

उस क्षण वह दयनीय लगा मुझे
कोई है जो चूस रहा है खून उसका भी धीरे धीरे
तब मैंने उससे एक बोतल पानी खरीदा
पानी में लोहे के कीड़े थे जो जैली की तरह चिकने और मुलायम थे

अच्छा यह बताओ कि लड़कोर होकर कैसा लगता है तुम्हें
तुम्हारे कितने बच्चे हैं और उनमें से कितनों की शक्ल तुम पर गई है
क्या उनमें भी तुम्हारे जितना ही नमक है
या उनका भी नमक चुरा ले गए नमक के चोर
उन्हें खूब प्यार करना और बेरोजगारी का ताना मत देना कभी
यह एक साजिश है हमारे खिलाफ और वे होंगे अबोध
पुरइन के उन लहलहाते फूलों की तरह

जिनके किनारे मिला करते थे हम

सुनो तुम्हारा पति कैसा है
प्यार तो करता है न तुम्हें...और तुम...
उसकी आँखों में नमी और चमक है तो न तुम्हारे लिए
कभी नमी ज्यादा दिखे और चमक कम तो भी नाउम्मीद न होना
वह शानदार आदमी है मिलता है अक्सर मुझे ट्रेन में
उसके जूते मेरे जूतों से बहुत ज्यादा अलग नहीं हैं
वहाँ भी एक कील है उसके तलवों में चुभती हुई
तुम्हारे अलावा यह भी एक बात है हम दोनों को जोड़ने वाली
मैं उससे किसी दिन तुम्हारा हाल पूछूँगा।

तुम्हें हमारे पत्रों की भाषा याद है
बीच में तरह तरह के संकेत, चित्र और रंग

बिना नाम के ही एक दूसरे को सम्बोधित
वे खत कहाँ होंगे अभी कहाँ होगी उनकी मिट्टी
क्या उनकी खाद से खिला होगा एक भी फूल
मान लो कि वह फूल किसी दिन मैं फिर से भेंट करूँ तुम्हें
तो क्या वह सारे संकेत, चित्र और रंग और खाली जगह में फिर से
बदल जाएगा या फिर यह एक नई ही हलचल होगी
चलो जहाँ भी हम हैं वहीं से एक दूसरे को एक बार फिर से खूब खूब
प्रेम करते हैं

सुनो मेरी सखी कैसी हो तुम
तुम्हें पता है उन खतों की भाषा अपनी पत्नी को सिखाने की कोशिश
की थी मैंने
और उसने बिना सिखाए ही सब कुछ समझ लिया
क्या कोई कील है उसके भी तलवों में चुभती हुई

मैं उसके तलुए सहलाते हुए तुम्हारे तलुओं में चुभ रही कील ढूँढ़ता हूँ
वह खिलखिलाकर हँसती है तब कई बार
और गजब कि यह खिलखिलाहट अक्सर हमें उदास कर जाती है

उसी उदासी में यह ट्रेन कहीं रुकी हुई है
मैं सोचता हूँ कि यह तुम्हारा ही गाँव हो शायद
कि ट्रेन पूरी पृथ्वी का एक चक्कर पूरा कर आई हो
और थककर तुम्हारे गाँव में आराम कर रही हो
सोचा था क्या कि यह एक दुर्लभ बात होगी कभी
कहीं किसी बाग में खड़े खड़े ही पूछ सकूँ तुम्हारा हाल
रोमांटिक होने के रास्ते में बहुत सारी मुश्किलें हैं
रास्ते में बहुत धूल है कुछ दिखता नहीं दृश्य खो जाते हैं

यह ट्रेन जब चलती है तो बाहर की भागती हुई दुनिया

हवा हुई जाती है दृश्य रफ्तार में गायब

कई बार ट्रेन की रफ्तार एकदम स्मृतियों की रफ्तार के बराबर होती है
और तब बाहर दिख रहे लोग एक दूसरी दुनिया के लोग लगते हैं
जो स्पीड के चलते हमसे पीछे छूट गए स्मृतियों की वजह से
मैं अपनी तबाही को जीते रहना चाहता हूँ
एक तुममें ही समूची दुनिया को खोजता हुआ
यह दुनिया के नियमों के खिलाफ है
यही समझाने आते हैं मुझे दुनिया भर के किस्से
खिड़कियों के रास्ते हवा पर चलते हुए
मुश्किल यह है उनके चरित्रों ने किस्से बदल लिए हैं
उनकी यह स्वच्छंदता मेरा ही साथ देने लगती है कई बार
मैं उनसे कोई सीख नहीं ले पाता
और अपनी गलतियाँ दोहराता हुआ तुममें खो जाता हूँ